www.ingramcontent.com/pod-product-compliance
Lightning Source LLC
Chambersburg PA
CBHW080924170526
45158CB00008B/2219
* 9 7 8 1 0 9 3 2 2 6 2 8 7 *